허윤정 시집

Yunjeong Heo Poetry Collection

시인선 006

이 하루 갈채다 특별방송이다 ⓒ 허윤정

초판인쇄 2024. 7. 31.
초판발행 2024. 7. 31.

지은이 허윤정
펴낸이 변의수
펴낸곳 상징학연구소

출판신고 2022. 1. 22.
신고번호 제 022-000005 호

경기 고양 시 일산서구 탄현로 136, 116동 1302호
010-3030-9149
euisu1@hanmail.net
ISBN 979-11-956567-7-6 (03810)

값 12,000원

잘못된 책은 바꾸어 드립니다.

This Day Cheers; a Special Broadcast 이 하루 갈채다 특집방송이다

시인의 말

Poet's Word

천년의 서사다

It's a Millennium's Epic

눈물이다

It's Tears

민섭이에게 이 시집을…
Give Min-seob this book of poems...

이 하 루
갈채다 특집방송이다
This Day Cheers; a Special Broadcast

시인의 말

추천사 마리엘라 코르데로 12 Mariea Cordero

하나 ONE

꿈 22 Dream
노을 24 Sunset
광장 26 Square
억새 28 Silvergrass
여름 30 Summer
열熱 32 Heat
불 34 Fire
꽃잎 36 Petal
바위 38 Rock
공간 40 Space
벽돌 42 Brick
빛 44 Light
지문 46 Fingerprint
사냥 48 Hunting
색즉시공 공즉시색 50 Form is Emptiness

공간 52 Space
마음 54 Mind

둘 TWO

삶 58 Life
집착 60 Obsession
욕망 62 Desire
자아 64 Self
고통 66 Suffering
아집 68 Self-Delusion
미로 70 Labyrinth
미로 72 Maze
삶 74 Life
젖은 바다 76 Wet Sea
막차 78 Last Train
얼굴 80 Face
사랑 82 Love
벽 84 Wall
고통 86 Suffering
욕망 88 Desire
삶 90 Life
형상 92 Form
자유 94 Freedom
망각 96 Oblivion

셋 THREE

이슬 100 Dew
균열 102 Crack
거울 104 Mirror
봄 106 Spring
번개 108 Lightning
열매 110 Fruit
폐가 112 Abandoned House
꽃 114 Flower
낚시 바늘 116 Fishing Hook
석양 118 Sunset
능선 120 Ridge
갈대 122 Reed
노을 124 Sunset
일몰 126 Sunset
매화 128 Plum Blossom
고苦 130 Suffering
들 132 Field
오후 134 Afternoon
길 136 Path
오수 138 Siesta

넷 FOUR

아침 142 Morning
햇살 144 Sunshine
바람 146 Wind
바다 148 Sea

가을 150 Autumn
고향 152 Hometown
겨울 154 Winter
사이다 156 Cider
농담 158 Joke
부케 160 Bouquet
모란 162 Peony

다섯 FIVE

시 166 Poetry
소나기 168 Shower
종이컵 170 Paper Cup
지구 172 Earth
예술 174 Art
낙엽 175 Fallen Leaf
벤취 176 Bench
노을 180 Sunset
바람 182 Wind
남명로 산자락 184

해설 186 Commentary

박대현

주체의 극소화, Minimization of the Subject,
혹은 사랑의 은유 or the Metaphor of Love

마리엘라 코르데로

추천사

허윤정의 "이 하루 축제다, 특집 방송이다"
정밀함이 지배하는 시의 아름다움

마리엘라 코르데로
(시인 · 번역가)

미니멀리즘은 불필요한 과도함의 제거로 대상을 최소한의 여백으로 줄이는 예술 이념입니다. 이 경향은 과잉의 장식을 제거하여 존재의 본질만을 보여줍니다. 시의 미니멀리즘 역시 같습니다. 시적 표현의 핵심에 도달함이 궁극의 지향처로 낱말의 간결함, 정확성, 경제성이 특징입니다. 절제는 과잉보다 미에서 훨씬 중요합니다. 허윤정 시인의 작품은 이러한 경향성을 보여줄 뿐아니라, 또한 '은유 알고리듬'이라는 자신만의 기법을 사용하여 훨씬 더 멀리 나아가고 있습니다. 그런 시인은 아울러 '한줄시'로써 작품세계에 신선한 활력을 불어넣고 있습니다.

저는 독자로서 허윤정의 작품에서 시적 미니멀리즘 요소 외에도 또 다른 문예 미학 운동이 관련되어 있음을 봅니다. 그것은 이미지즘입니다. 이미지즘은 20세기 초 영미 시의 전위적 운동으로, 이미지의 정밀성과 명료함, 그리고 예리한 언어의 사용을 특징으로 합니다. 허윤정 시인의 시를 읽다 보면 이미지즘의 시, 특히 이 운동의 대표적 인물인 미국 에이미 로웰(1874-1925)의 짧은 시가 떠오릅니다.

Yunjeong Heo: "This Day Cheers; a Special Broadcast"
The beauty of precision reigns in the poem

By Marila Cordero
(Poet · Translater)

Minimalism is an artistic movement that seeks to reduce existence to its minimum margins, eliminating what is superfluous and excessive. This trend strips away all saturating decoration, resulting in showing only the essential. Minimalism in poetry pursues the same goal. Its ultimate aim is to reach the core of poetic expression. It is characterized by its simplicity, precision, and economy of words. The beauty of simplicity prevails over excess. Yunjeong Heo's poetry not only embraces this trend but goes much further, as she has developed her own technique called ≪The Metaphor Algorithm≫. Additionally, she has written 'one-line-poem', giving life to a renewal of poetic expression.

Besides finding elements of poetic minimalism in Yunjeong Heo's work, as a reader, I associate her work with another literary aesthetic movement: Imagism. This was an avant-garde movement of Anglo-American poetry in the early 20th century, characterized by the precision of the image and the use of clear and sharp language. When I read Yunjeong Heo's poems, I evoke some poems of Imagism, especially the short poems of the American Amy Lowell (1874-1925), a prominent member of this movement.

연인

반딧불의 초록빛 등불을 잡을 수 있다면
당신에게 편지를 쓸 수 있다면

가을 안개

잠자리인가 단풍잎인가
물 위에 부드럽게 내려앉는 것은?

에이미 로웰의 이 두 시에서 우리는 허윤정 시인의 시에서 볼 수 있는 간결함과 자연 상징에 대한 언급을 확인하게 됩니다. 에이미 로웰과 허윤정 두 시인의 작품이 다 같이 공유하고 있는 요소들입니다.

여름

초록을
작도한다

시공을 흔드는
나뭇잎

나비가 그리다 만
정오

A Lover

If I could catch the green lantern of the firefly
I could see to write you a letter.

Autumn Haze

Is it a dragon fly or maple leaf
That settles softly down upon the water?

In these two poems by Amy Lowell, we find brevity and the mention of nature symbols as common elements in both poetics. This can be seen in this poem by Yunjeong Heo.

Summer

Composes
green

A leaf
shaking space−time

Noon
butterfly has stopped drawing

에이미 로웰과 이미지즘이 기존의 관습에 도전하며 당대 문학에 혁명을 일으켰던 것처럼, 허윤정 시인은 오늘날 시의 새로운 표현 가능성을 열어나가며 독자들에게 독특한 감각과 경험을 선사합니다.

허윤정 작가의 시, 시적 미니멀리즘이 이미지즘과 일부 기법적 요인을 공유하고 있지만, 그녀의 작품은 성스럽고 배타적인 영역에 자리하는 독창성을 지녔다고 저는 생각합니다. 그녀의 작품은 간결함이나 텍스트의 찰나성을 중심으로 한 시적 표현을 뛰어넘습니다. 시인은 은유라는 문학적 장치를 사용하여 서로 다른 것처럼 보이는 요소들 사이에 예상치 못한 연결고리를 찾아내며, 이러한 방식으로 일상적인 언어의 한계를 초월합니다. 그녀의 텍스트는 보다 깊은 차원을 드러내는 문을 열어 독자들로 하여금 확장된 의미세계와 혁신적 비전의 우주를 탐험하도록 초대합니다.

그녀는 은유를 매우 능숙하게 사용할 뿐만 아니라 뛰어난 기법을 통해 은유를 구사하는데, 바로 '은유 알고리듬'입니다. 알고리듬은 문제를 해결하고, 계산을 수행하며, 데이터를 처리하고, 관련 작업을 수행토록 정의되고 정돈된 일련의 지침 또는 규칙입니다. 수학, 논리, 컴퓨터 과학에서 사용되는 도구가 문학, 특히 시의 영역으로 들어온 것입니다. 시와 수학은 전혀 어울릴 것 같지 않은 조합으로 보이지만 실제로 두 분야는 흥미로운 관계에 있습니다. 미국 시인 에밀리 디킨슨(1830-1886)을 비롯한 여러 시인이 수학에서 영감을 받았습니다. 디킨슨은 수학에 매료되어 문학을 읽을 때와 같은 열정으로 수학 관련 서적을 읽었다고 합니다. 디킨슨은 수학적 구조의 아름다움을 감상했습니다. 그녀의 가장 유명한 시의 하나에서도 볼 수 있듯이 그녀의 작품은 대수학의 매혹적인 영향을 받았습니다.

Just as Amy Lowell and the Imagists represented a revolution in literature at their time, challenging established conventions, Yunjeong Heo's poetry continues to open new expressive possibilities in poetry today, also generating a unique sensory experience for the reader.

Although there may be common elements between Yunjeong Heo's poetry, poetic minimalism, and some forms of Imagism, I believe her work has a uniqueness that places it in a sacred and exclusive realm. Her work goes beyond a poetic expression centered on brevity or the fleeting nature of the text. The poet uses the literary device of metaphor, which allows her to establish unexpected connections between seemingly dissimilar elements. In this way, the limitation of usual language is transcended. Her texts open the doors to a deeper and more revealing dimension, inviting the reader to delve into a cosmos of expanded meanings and reformative visions.

Not only does she use metaphor with great mastery, but she also does so through an exceptional technique : ≪The Metaphor Algorithm≫. An algorithm is a set of defined, ordered instructions or rules that allow solving a problem, performing a computation, processing data, and carrying out other tasks. A tool used in mathematics, logic, and computer science is brought into the realm of literature, specifically poetry. This might seem like an improbable union (poetry and mathematics), but in reality, there is a fascinating relationship between the two fields. Several poets have been inspired by mathematics, including the American poet Emily Dickinson (1830−1886). It has been said that Dickinson was fascinated by mathematics and read books on the subject with the same eagerness as she read literature. Dickinson managed to appreciate the beauty of mathematical constructions, and her poetic work is influenced by this fascination with algebra, as we can see in one of her most well-known poems:

'희망'은 날개를 가진 것입니다.
영혼 속에 자리 잡고
가사 없이도 노래를 부르며
그리고 결코 멈추지 않습니다

여기서 우리는 정밀성과 수학적 정확성이 시에서 아름다움을 배격하지 않는다는 것을 알 수 있습니다. 오히려 응축과 요약으로 아름다움과 그 핵심을 보여줍니다. 허윤정 시인의 작품에서도 이 점을 확인할 수 있습니다. 그녀의 시는 간결하고 정확하지만, 다음의 시에서도 볼 수 있듯, 매혹적이며 짜릿한 아름다움을 구현하고 있습니다.

꽃잎

황홀한 광채
어둠을 흔든다

정교한 아름다움이 시를 지배하고 있습니다.

T. S. 엘리엇은 "진정한 시는 이해 이전에 소통의 수단"이라고 말했습니다.

이 시는 그 간결성으로, 우리에게 즉시적으로 다가오며 어떤 종류의 이해나 해석 이전에 독자에게 무언가를 전달하는 강렬한 인상을 남깁니다. 허윤정 시인의 시가 한국의 시만이 아니라 보편적 시 세계의 혁신적 목소리를 대변하는 이유라고 하겠습니다. ▲

Hope' is the thing with feathers -
That perches in the soul -
And sings the tune without the words -
And never stops - at all -

Here, we can see that precision and mathematical exactness, which does not expel the beauty from the poem. On the contrary, it condenses the beauty, summarizes it, and shows its core. This is also what we find in Yunjeong Heo's work. Her poems are brief and exact, but they can reveal a captivating and thrilling beauty, as evidenced in this poem:

Petal

Ecstatic radiance
Shaking darkness

The beauty of precision reigns in the poem.

T. S. Eliot said, ≪It is a test [that] genuine poetry can communicate before it is understood≫.

These poems are miniatures that reach us immediately, communicating something to the reader before any kind of comprehension or possible interpretation. They are compelling. That is why Yunjeong Heo's poetry is genuine poetry; it not only represents an innovative voice in Korean poetry but also in universal poetry.

Mariela Cordero : 마리엘라 코르데로 시인은 작가, 번역가, 시각 예술가 및 변호사이다. 시인은 제2회 Iberoamerican Poetry Contest Euler Granda, Ecuador (2015) 1위. TRANSPalabr @RTE 2015 III 콘테스트의 스페인어 짧은 시, #Aniversario PoetasHispanos의 스페인 국제 시 경연 대회 1위(2016) 등 다수의 국제 시문학상을 수상하였고, 프린스턴 페스티벌, 국제 시 페스티벌 Parque Chas 등 여러 국제 문학 회의와 페스티벌에 참여했다. 시인은 현재 시 잡지 Poémame(스페인)에서 #Venezuelan Poetry와 #World Poets 부문을 관리하고 있으며, 현재 본지『상징학연구소』의 편집자문이다. ▲

하나
ONE

꿈

불면의
강

하늘의 사원

Dream

Not sleeping
River

Temple of sky

노을

붉은 꽃

눈먼 신의
난파된 잔해

Sunset

Red flower

Blind God's
Wreckage

광장

새가 나무에 앉아 있다

열린 문
침묵에 잠겨 있다

A Square

A bird sits in a tree

Open door
Immersed in silence

억새

흔들리는 그림자
바람의 행로

읽을 수 없는
흔적

묘지 위의 새들

Miscanthus

Swaying shadow
Courses of Wind

Illegible
Trace

Birds on Graveyard

여름

초록을
작도한다

시공을 흔드는
나뭇잎

나비가 그리다 만
정오

Summer

Composes
Green

A leaf
Shaking space−time

Noon
Butterfly has stopped drawing

열 熱

정오의
어둠

빛의 무게

Heat

Darkness
Of noon

Weight
Of Light

불

어둠을
응시하고 있다

Fire

staring into
Darkness

꽃잎

황홀한 광채
어둠을 흔든다

Petal

Ecstatic radiance
Shaking darkness

바위

장엄한 질문
빛의 형상이다

Rock

Magnificent Question
It's form of Light

공간

밀회다
진실이 모인
수수께끼

Space

Tryst
Mystery of
Truths

벽돌

시간을 가둔
창고
턱을 괴고 있다

Brick

Time-trapped
Warehouse
Rests its chin on its hand

빛

꽃나무가 달린다
골목이 접혔다

Light

Flowering tree runs
Alley folded

지문

새가 젖었다
날개를 접었다

손바닥이 벽에 그려져 있다

Fingerprint

A bird got wet
Folded wings

Ppalms painted on the wall

사냥

방아쇠
혈흔

시간의
유리조각

Hunting

Trigger
Bloodstains

Time's
Glass shards

색즉시공
공즉시색

사과 향기

봄
찰나는 찰나이다

색
비어 있다

채색은 채색이다

Form is Emptiness
Emptiness is Form

Apple scent

Spring
Moment is Moment

Form
Be empty

Color is Color

공간

시간의 무늬
창백한 빛

허공의
나뭇가지

비밀스런
흔적

Space

Time's pattern
Pale llight

Branch
In the air

Secretive
Trace

마음

벗는다

Mind

Take Off

둘
TWO

삶

한 평 반의
묘지

Life

Grave
Of five square yards

집착

낙서가 그려져 있다
알 수 없는

Obsession

Graffiti is drawn
Unknowable

욕망

깊고

넓은

굴

Desire

Deep

Wide

CAVE

자아

망상의 발전소

우거진 업

Self

Power plant of Delusions

Dense Karma

고苦

언덕을 오르는
수레

햇살을 밀어 올린다

Suffering

A Cart
climbing a hill

pushes up Sunshine

아집

내 안의
스스로를 지키는

무기고

Self-Delusion

Within me
Protecting myself

Armory

미로

길 잃은 손금들

언어의 바깥

확신의 흔적

Labyrinth

Lost Lines of the palm

Language's Outside

Traces of Certainty

미로

포화 속
던진 확신

완벽한 혼란이다

망각 속
잃은 길이 지도를 만든다

Maze

In saturation
Thrown Conviction

Perfect confusion

In oblivion
Lost path make Map

삶

세파
의자
낡은 주름

Life

Waves of life
Chair
Old wrinkles

젖은 바다

하늘
서성이는 낮달

Wet Sea

Skies
Wandering Day Moon

막차

죽음

경매에 붙여졌다

한 권의 어둠

Last Train

Death

Auctioned Off

A Volume of Darkness

얼굴

립스틱 위의
입술
눈을 뜨고 잔다

지난해
죽은
나무가 자라고 있다

Face

Lips
on lipstick
Sleeping with Open Eyes

Last year's
Dead
Tree is Growing

사랑

소멸하는
인간의
할 수 있는 최선이다

Love

The Best
a Vanishing
human can do

벽

포옹이다
용서다

Wall

It's an Embrace—
Forgiveness

고苦

가지 끝
푸른 신열

묵언
피안이다

Suffering

Branche tip
Blue fever

Silent word
Be Beyond

욕망

밀려오는 여름

피안의 정원

비밀의 꽃

Desire

Advancing Summer

Garden of Beyond

Flower of Secrets

삶

투명한 감옥
섬이다

그리다 만 정오
꿈의 여백

허공의 나비
하루의 무게를 단다

Life

A transparent Prison
is island

Incomplete Noon
Dream's margin

Butterfly in the void
Weighing Day

형상

그림자를 스케치한다
빛의 얼룩

햇살은 바람과 함께 자란다

Form

Sketching Shadows
Stains of Light

Sunlight grow with Wind

자유

나사를 푼
도색

인과율을 어긴
환타지

Freedom

Repainting
Loosened screw

Fantasy
Broken causality

망각

회전문에 바람이 끼었다
정지버튼을 누른다
무념의 층계를 밟는다

Oblivion

Wind caught in a revolving door
Press a stop button
Treading stairs of Mindfulness

셋
THREE

이슬

하늘을 담는다

새벽을 여는
아침

Dew

Holding Sky

Dawning
Morning

균열

허공을 긋는 줄

비

현악기다

Crack

Line cutting void

Rain

Stringed instrument

거울

여름에
금이 갔다

소나기가 내린다

Mirror

Summer
It's Cracked

Sudden Shower falls

봄

꽃씨
우울한 망치

무덤
구름의 멍자국

하늘의 균열

Spring

Flower seed
Sullen hammer

Grave
Cloud's bruise

Sky's crack

번개

어둠을 탄주한다

바람과 폭우가 넘나든다

Lightning

Plaing Darkness

Wind and Hard rain Cross

열매

불의 맥박
줄기가 뛴다

햇살을 짜는 바람
7월의 가지를 옮겨 다닌다

Fruit

Pulse of Fire
Stem Leaping

Wind weaving Sunlight
Moving through July branches

폐가

햇살이 머무는 집

그림자의 흔적

바람의 전시관

Abandoned House

Home where sunlight linger

Traceses of Shadow

Exhibition of Wind

꽃

뜰 안의 함성

공연 중이다

붉고 푸른 선율

Flower

Shouting in garden

In performance

Red and Blue Melodies

낚시 바늘

오수
정오의 물고기도 낮잠이다

Fishing Hook

Siesta
Even midday fish are napping

석양

구름이 유리창을 닦는다

빈 배

하늘이 떠간다

Sunset

Cloud cleans window

Empty boat

Sky's drifting away

능선

산 넘어 산

겹치고 포개진

얼굴들

Ridge

Mountain over mountain

Overlapping and enveloping

Faces

갈대

눈부신
일필휘지

부러진
빛의 날개

Reed

Dazzling
Single stroke

Broken
Light's Wings

노을

섬
멈춘 시간

뱃머리를 돌린다

Sunset

Island
Stopped time

Turning the bow

일몰

사유를 담는
그릇

Sunset

Bowl
of contemplation

매화

눈밭의 수행이다
푸른 그늘

Plum Blossom

Meditation in a snowfield
Blue shade

고苦

경전이다
눈밭에 선 나무

Suffering

It's scripture
A tree in a snowy field

들

하늘의 모래밭
바람이 반짝이는 꽃

햇빛이 잠든 길
허공을 흐르는 강

Field

Sandy beach of skies
Wind-sparkling flower

Sunlight-sleeping path
River flowing through void

오후

풀잎 뒤에 숨은 해

나뭇잎을 흔드는 바람

허공을 품은 모래알

Afternoon

Sun hidden behind grass blade

Wind shaking leaves

Sand's grain embracing void

길

들꽃은 잔
바람은 골동품

구름은 화물트럭
땅을 잇는 수레

Path

Wildflower's a glass
Wind's antiques

Cloud's a lorry
A cart connecting land

오수

바다를 여는 창
어망에 걸린 파도

잠든 발자국
넥타이를 맨 고양이

남루한 여름
의자의 낡은 주름

Siesta

Window opening sea
Wave caught in a net

Sleeping footprints
Cat wearing a tie

Worn summer
Chair's old wrinkles

넷
FOUR

아침

새의 날개
푸른 잎을 흔든다

Morning

Wings of bird
Shaking green leaves

햇살

커피잔에
묻은 새소리

Sunshine

Birdsong
on a coffee cup

바람

우리에 갇혀 있다
바람
비를 맞고 있다
바람
울음을 운다

Wind

It's caged
Wind
Getting rained on
Wind
Crying

바다

포말들
붕대를 감고 있다

Sea

Bubbles
Bandaged

가을

낙엽
불꺼진 창

벌레 소리
창문에 불을 켄다

Autumn

Falling leaves
Extinguished window

Insect sound
Lighting up a window

고향

흰 눈

달빛

파도 소리

Hometown

White snow

Moonlight

Waves' sound

겨울

눈 내리는 밤
파이프 오르간 소리

Winter

Snowy night

Pipe organ sound

사이다

톡 쏘는

피카소 그림

Cider

Sparkling

Picasso painting

농담

활짝 열어놓는다

Joke

Wide open

부케

던져지는
박수 소리

꽃이다
이 하루

갈채다 특집방송이다

Bouquet

Thrown
Applause

It's a flower
This day

Cheering, It's a special broadcast

모란

5월을 장전한다

꽃망울 속의 다이나마이트

바람이 깃발을 흔든다

Peony

Loading May

Dynamite within Bud

Wind waves Flag

다섯
FIVE

시

엉뚱한 세계
머리와 꼬리가 다른 동물이다

Poetry

Bizarre world
Animal with different Head and Tail

소나기

타자기
소리

잠들지 못하는
작곡가

Shower

Typewriter
sound

Sleepless
composer

종이컵

탄소 발자국

아마존이다

Paper Cup

Carbon Footprint

It's the Amazon

지구

어쩌면!
마지막 경고다

인류가 남긴
상처

Earth

Perhaps!
The final warning

Scars left
by Humanity

예술

미로다
모래성이다

가시관
형틀이다

Art

It's Maze
It's Sandcastle

Crown of Thorns
Torture Device

낙엽

거리의
알바생

방황한다
물든 잎사귀

Fallen Leaf

On street,
Part-time worker

Wandering
Colored leaf

벤취

가을
나뭇잎을 흔드는

기억의 숲

바람의 책갈피
커피향

석양의 플렛폼

Bench

Autumn
Shaking leaves

Memory forest

Bookmark of wind
Scent of coffee

platform at sunset

노을

허공
바람에 흔들린다

아침이면
이슬도 우주를 품고

어느 왕족의 여인이 죽어가던
자작나무 숲

거미가 줄을 걸어 놓았다
노래 없는 악보

Sunset

The void
Swaying in the wind

In the morning,
Dew cradles universe,

A birch forest
Where a royal lady once died

A spider has spun threads,
The Score without song

바람

혼자 가는
섬

아무도 없습니다
혼자 가고 있습니다

돌아보지 않습니다

강물도
넘어서는 산길도

Wind

Island
Going alone

There's no one here
Going alone

Not looking back

Even river
Even crossing mountain

남명로 산자락*

봄
달아오른 용광로

날개를 편다
분홍 진달래
황금 개나리

봄빛에
이글거리는
화덕

* 허윤정의 생가 앞, 남명 조식 선생의 길.

Nammyeong Road Hillside*

Spring
Fiery furnace

Spreads wings
Pink azaleas
Golden forsythias

In spring light
Blazing
Pit

* In front of Yoonjung Heo's birthplace,
the path of Master Nammyeong Shik Jo.

∥ 해설 ∥

허윤정

시집

이 하루 갈채다 특집방송이다

박대현

문학평론가

주체의 극소화
　　혹은 사랑의 은유

‖ Commentary ‖

Minimization of the Subject, or the Metaphor of Love

Daehyeon Park
(literary critic)

Yoonjung Heo

Poetry Collection

This Day Cheers; a Special Broadcast

주체의 극소화
혹은 사랑의 은유

박대현

(문학평론가)

1. 시적 범주화로서의 은유

허윤정은 짧은 은유의 시를 통해 세계의 은폐된 이미지를 드러내는 독특한 시인이다. 세계의 이미지를 은유의 방식으로 불러내어 독자의 내면에 파문을 일으키는 언어의 풍경을 만들어낸다. 은유는 일종의 범주화 장치다. 은유는 범주화의 결과물이다. 세계에 존재하는 모든 대상을 개별적으로 이해하기에는 인지 능력의 낭비가 따른다. 따라서 유사한 속성이나 특징을 가진 대상들을 하나의 범주로 묶어 이해하는 것이 훨씬 효율적이다. 범주화의 과정에서 대상의 특정한 속성을 부각하거나 축소·은폐하는 과정을 통해 대상을 드러낸다. 이것이 바로 범주화다. 대상의 특정한 속성이 부각되면 대상의 다른 속성들은 축소되고 은폐된다.

Minimization of the Subject or the Metaphor of Love

박대현

(literary critic)

1. Metaphor as Poetic Categorization

Yunjeong Heo is a distinctive poet who reveals hidden images of the world through brief, metaphorical poetry. She evokes images of the world through metaphors, creating language landscapes stiring the reader's inner world. Metaphor is a type of categorization device. It is a result of categorization. Understanding every object in the world separately would be the waste of cognitive ability. Therefore, it is much more efficient to group objects with similar attributes or characteristics into a single category. Through the process of categorization, specific attributes of an object are highlighted or obscured, thereby revealing the object. This is the categorization. When a specific attribute of an object is emphasized, other attributes of the object are minimized and concealed.

인간의 개념체계가 대부분 은유적이라는 사실은 이제 의문의 대상이 아니다. 산을 '산'이라는 개념으로 말하는 순간, 대상에 대한 은유가 발생한다. 언어 자체가 사물에 대한 은유다. 은유로서의 언어는 이 세계를 구성하는 무한한 요소들을 범주화함으로써 이 세계를 이해할 수 있는 인식의 길을 터준다. 하나의 길이 열리게 되면 무수히 많은 길들은 그 길의 이면으로 은폐된다. 은유가 대상의 의미를 발생시키지만 대상의 실재는 감추고 마는 결과를 초래하는 것은 바로 이 때문이다.

은유가 관습화되고 고착화되면 죽은 은유가 된다. 죽은 은유는 세계에 대한 이해를 고착화된 인식틀에 가둔다. 그래서 좋은 은유는 이전과는 다른 새로운 범주화를 실현한 은유다. 범주화 과정에서 축소되고 은폐된 의미들을 불러내는 것이다. 시인은 고착화된 은유로 범주화된 낡은 이미지가 아니라, 그 은유의 후면으로 축소되고 은폐된 이미지를 호명하는 존재다. 시인은 본능적으로 오랫동안 은폐되어왔던 이미지를 추구하며 그것에 견딜 수 없는 매혹을 느낀다. 그래서 시가 어떻게 쓰여질지 시인 스스로도 알 수 없다. 시는 "엉뚱한 세계/ 머리와 꼬리가 다른 동물이다"(「시」)는 시인의 진술은 고착성과 관습성을 벗어났을 때 더없이 자유분방해질 수밖에 없는 시적 이미지의 속성을 말해준다고 할 수 있다.

그러나 새로운 범주화를 실현하는 은유를 찾기란 쉬운 일이 아니다. 시적 은유란 세계의 새로운 이미지

The fact that most of the human conceptual system is metaphorical is no longer in question. The moment we speak with the concept of 'mountain', a metaphor arises for the object. Language itself is a metaphor for thing. Language as metaphor opens the way for awareness to understand this world by categorizing the infinite elements composing it. Once a single path is opened, countless other paths are concealed behind it. This is why metaphors generate the meaning of an object but also result in hiding the object's reality.

When metaphor become conventionalized and fixed, they turn into dead metaphor. Dead metaphor trap our understanding of the world within a rigid cognitive framework. Therefore, a good metaphor is one having realized a new categorization different from previous ones. It evokes the meanings that were reduced and concealed during the categorization process. A poet is someone calling forth the images minimized and hidden behind the fixed metaphors, not the old images categorized by these conventionalized metaphors. Poets instinctively pursue long-concealed images and feel an irresistible fascination with them. Consequently, even poets themselves cannot predict how a poem will be written. The poet's statement that a poem is "Bizarre world/ Animal with different Head and Tail" (from "Poem") highlights the inherently free and unrestrained nature of poetic images when they escape fixation and conventionality.

However, finding a metaphor realizing a new categorization is not an easy task. Poetic metaphor

를 찾아내는 일일 것인데, 그것은 "미로다/ 모래성이다// 가시관/ 형틀이다"(「예술」)로 진술될 만큼 어려운 일이다. 이미 형성된 범주화의 범위를 벗어나는 것은 이 세계의 지배적인 이미지에 균열을 내는 일이고 그 균열의 틈새로 흘러나오는 세계의 은폐된 이미지를 온몸으로 받아내는 일이기 때문이다.

2. 이미지의 바깥을 지향하는 은유

허윤정 시인은 세계의 풍경을 매우 간명한 이미지로 제시한다. 그의 시는 세계를 이루고 있는 이미지의 조각들을 세밀하게 펼쳐놓지 않는다. 세계의 이미지를 단순하고 간명하게 제시함으로써 그 이미지가 독자에게 손쉽게 스며들도록 한다. 당연한 말이지만 언어의 경제성을 극단화시킨 시 텍스트는 사유나 이미지에서 참신성을 확보하는 것이 필요하다.

 낙엽
 불꺼진 창
 벌레 소리
 창문에 불을 켠다
         – 「가을」 전문

이 시는 가을 이미지를 참신하게 드러낸다. "낙엽"이 지고 "불꺼진 창"이라는 쇠락과 어둠의 이미지 속에서 "벌레 소리"가 "창문에 불을 켜"는 이미지를 생성하

involves discovering new images of the world, which is as difficult as it is described in "It's Maze/ It's Sandcastle// Crown of Thorns/ Torture Device (from "Art"). Transcending the boundaries of already formed categorization means creating cracks in the dominant images of this world and receiving with one's whole being the concealed images of the world flowing out through those cracks.

2. Metaphor Aiming Outside the Image

Yunjeong Heo presents the landscapes of the world through very concise images. His poetry does not meticulously lay out the pieces of images making up the world. By presenting the world's images in a simple and straightforward manner, he allows these images to easily permeate the reader. Naturally, poetry texts that push the economy of language to the extreme need to secure originality in thought or image.

> Falling leaves
> A extinguished window
> Insect sound
> Lighting up a window

— 「Autumn」 full text

This poem freshly reveals the image of autumn. Amidst the images of decay and darkness represented by "Falling leaves" and a "extinguished window" it creates the image of "insect sound" "Lighting up a window". In ordinary

고 있다. 일상적인 어법이라면 "벌레 소리가 들리고 누군가 창문에 불을 켠다"로 서술되겠으나 이런 경우 아무런 시적 감흥을 주지 못한다. 시인은 벌레 소리의 청각적 이미지와 창문의 불빛이라는 시각적 이미지를 결합시킨다. 이는 단순히 감각의 전이를 유발하는 공감각이 아니라, 다른 두 감각의 이미지를 응축시키고 전치시킨 결과다. 다시 말해 "벌레 소리가 들린다"와 "누군가 창문에 불을 켠다"가 수평과 수직으로 동시에 결합한다. 수평적 차원에서는 두 문장이 한 문장으로 줄어든 응축(condensation)이 발생하고, 수직적 차원에서는 '누군가'가 '벌레 소리'로 대체되는 치환(displacement)이 발생한다. 이 과정에서 두 문장은 상호 간에 원관념이 되고 보조관념이 되는 특이한 비유의 시적 기능이 발생한다. 모든 비유는 원관념과 보조관념이 기능적으로 분리되는 것이 통례이지만, 두 문장이 응축되고 치환되는 과정에서 원관념과 보조관념의 기능이 상호 간에 동시적으로 수행되고 있는 것이다. 이 시의 이미지가 참신하게 읽히는 이유다.

    타자기
    소리

    잠들지 못하는
    작곡가

-「소나기」 전문

    어둠을 탄주한다

language, it would be narrated as "insect sound is heard, and someone lights up the window" but such a description would fail to evoke any poetic emotion. The poet combines the auditory image of insect sounds with the visual image of the window's light. This is not merely synesthesia, which causes a transfer of senses, but rather the result of condensing and transposing the images of two different senses. In other words, 'insect sound is heard' and 'someone lights up the window' are combined both horizontally and vertically. Horizontally, the condensation occurs as two sentences are compressed into one, and vertically, displacement occurs as 'someone' is replaced by "insect sound". In this process, the two sentences mutually become the tenor and vehicle, producing a unique metaphorical poetic function. While it is common for all metaphors to separate the tenor and vehicle functionally, in this poem, through the process of condensation and displacement, the functions of the tenor and vehicle are performed simultaneously by each other. This is why the poem's image reads as novel.

> Typewriter
> sound
>
> Sleepless
> composer
>
> Plaing Darkness

- 「Shower」 full text

바람과 폭우가 넘나든다
                    －「번개」 전문

허공을 긋는 줄
비
현악기다
                    －「균열」 전문

세 편의 시 모두 비 오는 풍경을 묘사하고 있다. 「소나기」의 경우 '소나기' 소리를 "타자기 소리"로, '소나기'를 "잠들지 못하는/ 작곡가"로 은유한다. 「번개」 역시 "바람과 폭우"를 몰아오면서 "어둠을 탄주하"는 연주자로 은유한다. 자연 현상을 은유로써 참신하고도 간명한 이미지로 변주해내는 데 성공하고 있다. 「균열」 역시 마찬가지로 '비'라는 자연 현상을 "허공을 긋는 줄"과 "현악기"로 은유한다. 이 시에서 간과하지 말아야 할 것은 앞서 두 편의 시와는 달리 시의 제목으로 자연 현상이 아니라 '균열'이라는 추상명사를 사용하고 있다는 점이다. 그의 시가 단순히 풍경의 이미지 묘사에 머물지 않는다는 사실을 말해준다. 그의 시는 이미지 너머에 있는 또 다른 차원의 이미지를 지향한다. 이미지를 '균열' 시킴으로써 이미지 너머의 이미지, 즉 새로운 차원의 이미지를 열어놓고자 하는 욕망을, 그의 시는 품고 있다.

Wind and Hard rain Cross
- 「Lighting」 full text

Line cutting void
Rain
Stringed instrument
- 「Crack」 full text

All three poems describe rainy landscapes. In "Shower" the sound of 'shower' is metaphorically represented as "Typewriter sounds" and 'shower' is metaphorically depicted as an "Sleepless composer" Similarly, in "Lightning" "Wind and Hard rain" are metaphorically represented as a performer "Playing Darkness". These poems succeed in transforming natural phenomena into fresh and concise images through metaphor. "Crack" also uses metaphors to depict the natural phenomenon of "rain" as "Line cutting void" and "Stringed instrument". What should not be overlooked in this poem is that, unlike the previous two, it uses the abstract noun "Crack" as the title rather than a natural phenomenon. It suggests that his poetry does not merely remain at the level of depicting landscape images. His poetry aims at another dimension of images beyond the visual. By 'cracking' the image, the poet harbors a desire to open up a new dimension of images, beyond the initial ones.

이미지 너머의 이미지는 무엇인가. 그것은 균열된 이미지 사이에 주름 접힌 이미지이다. 시인은 바로 그 주름 접힌 이미지를 펼쳐 보이고자 하는 욕망을 지니고 있다. 그의 시는 매우 짧고 간명한 이미지를 제시함으로써 그것에 잠재되어 있는 이미지를 독자들 스스로 환기하도록 한다. 시인이 제시한 이미지의 범주 내에서 독자들은 각기 다른 이미지를 환기해낼 것이다. 시인이 제시한 간명한 이미지는 독자의 상상력을 통해서 그 자체를 넘어서는 풍부한 이미지를 내포하게 된다. 특히 허윤정의 시는 동적인 이미지보다도 정적인 이미지 속에 숨어 있는 잠재적인 이미지의 주름들을 펼쳐내는 데 주력한다. '오수'라는 이미지를 품은 시들에서 그러한 의도를 읽어낼 수 있다.

> 오수
> 정오의 물고기도 낮잠이다
> ―「낚시 바늘」 전문

오후, 낚시꾼은 물속에 잠겨 있는 낚시 바늘에 집중한다. 낚시 바늘을 물게 될 물고기를 생각한다. 낚시찌가 움직이지 않는다. 낚시꾼은 잠이 온다. 오수(午睡)다. 정오의 물고기도 낮잠을 자는 중이다. 시간이 느릿느릿 흐르고 있는 세계 한때의 풍경을, 이 시는 포착하고 있다. 이 풍경 속에 주름접힌 세밀한 이미지들이 펼쳐지는 것은 독자의 몫이다. 이 시는 필치를 최소화한 수묵화와 같은 여백을 품고 있다. 간명한 이미지 속에 주름 접힌 이미지들은 여백처럼 고요하게 떠돌고 있지만 독자들의 내면 속에

What is the image beyond image? It is an image with creases between the fractured images. The poet has the desire to unfold those creased images. His poetry, by presenting very short and concise images, allows readers to evoke the latent images within them. Within the categories of images presented by the poet, readers will each evoke different images. The concise images presented by the poet, through the readers' imagination, contain rich images extending beyond themselves. In particular, Yunjeong Heo's poetry focuses on unfolding the latent creases within static images rather than dynamic ones. This intent can be discerned in the poems emboding the image of "Siesta".

> Siesta
>
> Midday fish are napping
>
> − 「Fishing Hook」 full text

In the afternoon, the fisherman focuses on the fishing hook submerged in the water. He contemplates the fish that might bite the hook. The float remains still. The fisherman feels drowsy. It's a siesta. Even the fish at noon are taking a nap. This poem captures a momentary landscape of a world where time flows slowly. The unfolding of finely creased images within this landscape is up to the reader. This poem contains the blank spaces of a minimalist ink painting. Ones creased within simple images drifting quietly like empty spaces, but they

서 펼쳐질 것이 분명하다. 최소의 언어로써 이미지의 주름들을 펼치는 효과를 극대화한 전략으로서의 은유다. 아래 시 또한 마찬가지다.

> 바다를 여는 창
> 어망에 걸린 파도
>
> 잠든 발자국
> 넥타이를 맨 고양이
>
> 남루한 여름
> 의자의 낡은 주름
>
> －「오수」 전문

역시 나른한 오수(午睡)의 풍경이다. "바다를 여는 창/ 어망에 걸린 파도"와 같은 이미지는 참신하다. 바다의 이미지가 정적으로 펼쳐진다. 파도는 어망에 걸려 있어 역동성이 사라지고 정적인 이미지만 남는다. 나른한 바다 풍경이 아닐 수 없다. 해변을 걷는 누군가의 "발자국"마저 "잠"들 정도다. 수없이 반복되어 "남루"해진 "여름"의 한 편에 놓인 "의자" 역시 나른한 오수의 "낡은 주름"으로 가득하다. "넥타이를 맨 고양이"는 기이하면서도 모던한 이미지의 조합이다. 이질적인 콜라주를 통해 나른한 이미지에 신선한 충격을 남기면서 상징주의 시에서 흔히 그랬듯이 고양이가 지닌 신비의 이미지를 기입한다. 나른한 여름의 한 순간에 선명하게 부각되는 신비의 모던한

will surely unfold within the readers' inner worlds. It is a metaphorical strategy that maximizes the effect unfolding the creases of images with minimal language. The following poem is similar.

> Window opening sea
> Wave caught in a net
>
> Sleeping footprint
> Cat wearing a tie
>
> Worn summer
> Chair's old wrinkles

— 「Siesta」 full text

It is also a languid siesta scene. Images such as "Window opening sea" and "Wave caught in a net" are novel. The image of the sea is presented statically. The waves, caught in the net, lose their dynamism, leaving only the static image. It is an undeniably languid sea scene. Even the "footprint"s of someone walking on the beach seem to 'fall asleep'. "Chair" placed in "Worn summer" through countless repetitions, is filled with "old wrinkles" of "languid" "Sesta". "Cat wearing a tie'" is a combination of bizarre and modern imagery. While this poem leaves a fresh impact on the languid image through the disparate collage, incorporating the mysterious image of the cat, as often seen in Symbolist poetry. It is a modern image of mystery vividly highlighted in a languid summer

이미지. 신비와 나른함의 이질적 결합이다. 창, 어망, 파도, 넥타이, 고양이, 의자 등의 이미지 배치를 통해 여름 바다의 나른한 풍경을 제시하고 있는 것이다.

3. 삶의 유한성 바깥을 향한 은유

허윤정 시인은 이 시집에서 '삶'이라는 제목의 시 세 편을 남기고 있다. 삶은 무엇이다는 문장은 그 자체로 은유의 구조를 취한다. '삶'이라는 제목이 삶은 무엇인가라는 질문이고 시의 내용이 그에 대한 답이라면, 그 답에 따라서 충분히 시적인 울림을 줄 수 있다. 일반화되고 표준화된 답의 틀을 넘어서게 된다면 이 질문은 시적인 사유의 영역으로 진입하게 된다. 은유에도 죽은 은유가 있고 살아 있는 은유가 있다. 죽은 은유가 은유의 원관념과 보조관념의 관계가 상투화된 것이라면, 살아 있는 은유는 원관념과 보조관념의 참신한 관계를 통해 이전에 없던 의미작용을 새롭게 발생시키는 은유라고 할 수 있다. 게다가 그것이 한 줄로만 이루어진 은유의 시라면, 가장 단순한 은유 구조로써 시적 이미지를 선명하게 생성시키고 그것이 내포하는 시적 의미의 음역대를 최대화하는 결과를 낳는다.

한 평 반의
묘지

—「삶」 전문

moment. It is an unusual combination of mystery and languor. The arrangement of images such as window, net, waves, tie, cat, and chair presents a languid summer sea landscape.

3. The metaphor for looking outside of life's finitude

In this collection, Yunjeong Heo leaves behind three poems titled "Life." The line "What is life?" itself adopts a metaphorical structure. If the title "Life" poses the question of what life is and the content of the poem provides an answer, then this answer can resonate poetically depending on how it is addressed. If it surpasses the general and standardized frameworks of answers, the question enters the realm of poetic contemplation. Metaphors can be either dead or alive. A dead metaphor is that the relationship between the primary and secondary concepts has become clichéd, while a living metaphor creates new meanings through a novel relationship between the primary and secondary concepts. Moreover, if such a metaphor is expressed in a single line, it results in the creation of a clear poetic image with the simplest metaphorical structure, maximizing the tonal range of the poetic meaning it conveys.

> Grave
> of five square yards
>
> 　　　　　　　　　　－ 「Life」 full text

시인은 말한다. 삶은 "한 평 반의 묘지"라고. 제목과 시행으로 이루어진 이 한 줄 시는 '삶'에 관한 한 가장 선명한 이미지를 제공한다. 우리가 무수히 보아왔던 묘지들의 이미지는 '삶'으로 수렴되고, 이를 다시 뒤집으면 우리가 살아왔던 삶의 모든 이미지들은 "한 평 반의 묘지"로 응축된다. '삶'의 술어가 '묘지'가 되는 과정에서 우리가 살아온 삶의 총체적이고도 구체적인 이미지들이 하나하나 주마등처럼 스쳐 지나가서는 무덤의 봉분으로 들어앉는 시적 체험을 하게 된다. 단 한 줄의 시. 시인은 이미지를 길게 제시하지 않고 최소화한다. 시인이 제시한 이미지는 독자를 압도하지 않고 독자 스스로 자신의 삶으로부터 내밀한 이미지를 이끌어내게 한다. 한 줄의 시는 독자의 내면에 주름 접힌 이미지들을 소환하는 기능을 한다. 독자 스스로가 잊고 있었던 시적 이미지를 펼쳐내는 촉매 역할을 하게 되는 것이다.

 세파
 의자
 낡은 주름
-「삶」전문

이 시는 네 개의 단어들로 이루어졌다. 세파, 의자, 낡은 주름. 매우 단순한 형태의 텍스트지만, 이 네 단어로부터 갈라져 나오는 이미지의 강도는 측정할 수 없다. '세파'는 그 자체로 하나의 은유다. 세상의 파도. 이 단어 자체가 죽은 은유를 포함하고 있지만, '의자'와 '낡은 주

The poet says, "Life" is "Grave of five square yards". This one-line poem, consisting of a title and a line, provides the clearest image of 'life.' The images of countless graves we have seen converge into 'life,' and when this is reversed, all the images of the life we have lived are condensed into "a plot and a half of a grave." In the process of turning the predicate of 'life' into a 'grave,' we undergo a poetic experience where the comprehensive and concrete images of the life we have lived pass before us like a lantern slide and settle as the mound of a grave. The poet presents a single line of poetry without extending the image, minimizing it. The image presented by the poet does not overwhelm the reader but allows the reader to draw out intimate images from their own life. A single line of poetry serves to summon folded images within the reader's inner self, acting as a catalyst for the reader to unfold the poetic images they had forgotten.

> Waves of life
> Chair
> Old wrinkles
>
> — 「Life」 full tex

This poem consists of four words: "Waves of life", "chair" and "Old wrinkles". Though the text is extremely simple in form, the intensity of the images that emerge from these four words is immeasurable. "Waves of life" itself is a metaphor. While this word its contains a dead metaphor, it gains vitality as it transitions

름'으로 이어지는 과정에서 죽은 은유는 이미지의 활력을 얻는다. '세파'와 '의자' 사이에 놓인 이미지의 간격은 독자마다 각기 다르게 작용하면서 각기 다른 체험 이미지를 불러낼 것이다. 세파 속에서 의자는 작지만 소중한 휴식의 공간이거나 세파 속에서 허락받은 생존의 공간일 수도 있다. 혹은 세파 속에서 쉽게 넘어지는, 기댈 수 없는 나무 토막에 지나지 않거나 누군가를 하염없이 기다리며 앉아 있던 공간일 수도 있다. 그리고 "낡은 주름"은 삶을 굳건하게 살아낸 중장년 혹은 노년의 이미지를 떠올리게 한다. 혹은 아무것도 이루지 못한 채 사물화되고 만 존재의 쓸쓸함을 의미할 수도 있다. 평생을 세파 속에서 살아낸 인간의 신산한 삶을 단 네 단어로 상상하게 하는 시다. 세파, 의자, 낡은 주름 이 세 단어 사이로 주름 접힌 이미지들이 이 시를 이루고 있는 진정한 세계다. 시인이 통제하지 않고 자유롭게 풀어놓은 독자들 내면의 이미지. 시인은 네 단어의 틈새로부터 주름 접힌 이미지들이 펼쳐 나올 수 있는 통로를 만들어두었을 따름이다.

    투명한 감옥
    섬이다

    그리다 만 정오
    꿈의 여백

    허공의 나비
    하루의 무게를 단다

into "Chair" and "Old wrinkles." The gap between "Waves of life" and "Chair" will act differently for each reader, evoking various experiential images. In the context of waves of life, the chair could be a small yet cherished space of rest or a space granted for survival amidst the waves. It could also be a mere log that is easily toppled within the waves, or a place where one waits endlessly for someone. Meanwhile, "Old wrinkles" might evoke the image of a middle-aged or elderly person who has steadfastly lived life, or it could signify the loneliness of an existence that has become objectified without achieving much. This poem prompts the imagination of a harsh life spent amidst the waves of life using just four words. The true world of this poem lies in the images folded between the words: "Waves of life," "Chair," and "Old wrinkles". Images within the readers' inner selves, released freely without the poet's control. The poet has merely created a pathway for these folded images to unfold through the gaps between the four words.

> Transparent Prison
> is island
>
> Incomplete Noon
> Dream's margin
>
> Butterfly in the void
> Weighing the Day

―「삶」 전문

3연으로 이루어졌으나 역시 짧은 시다. 시의 표제 역시 '삶'이다. 표제와 시의 본문은 마찬가지로 원관념과 보조관념의 관계를 형성한다. '삶'의 보조관념은 "투명한 감옥", "섬", "그리다 만 정오", "꿈의 여백"이다. 보조관념만으로 이루어진 1,2연은 삶의 이미지를 간결하게 제시하고 있다. 먼저, 삶은 "투명한 감옥"이라는 은유를 보자. 인간의 시공간적 유한성을 선명하게 드러낸다. 세계의 무한에 닿고자 하는 시인의 욕망과 그 좌절. 욕망이 없다면 좌절 또한 없을 터. 무한을 향한 욕망과 좌절을 지닌 정신만이 "투명한 감옥"을 감각할 수 있으며 그러한 감각을 지닌 자는 소수다. 그러니 "섬"처럼 고립되기 마련이다. 물적 가치의 무한만을 추종하는 현대 사회에서 시인은 그 자체로 고립된 섬이기 마련이다. 섬과 섬의 만남은 군도(群島)를 이룰 뿐이며 세상에서 고립된 처지에서 벗어나지는 못한다. 시인이 "섬"처럼 고립되는 이유는 무엇인가. 그것은 삶의 "정오"를 꿈꾸는 시인의 특성과 무관하지 않다.

정오는 하루 중 그림자가 가장 짧은 때다. 정오의 그림자는 가장 짧은 그림자이다. 니체는 이를 두고 하나가 둘이 되는 순간이라 말한다.(알렌카 주판치치) 하나가 둘이 되는 것은 자기 안의 그림자를 명확히 인식하는 것이다. 주체는 자신의 내부에 남아 있는 그림자를 명확히 인식한다. 즉, 시인은 자신의 그림자를 자신으로부터 분리해내는 존재가 아니라 자신의 실재 속에 이질적인 그림자

― 「Life」 full tex

It is a short poem while consisting of three stanzas. The title of the poem is also 'Life'. Both the title and the content of the poem establish the relationship between tenor and vechile. The vechile for "Life" include "A transparent prison", "island", "Incomplete Noon" and "Dream's margin". The first and second stanzas, composed solely of vechile, present a concise image of life. First, consider the metaphor "A transparent prison". It vividly reveals the finite nature of human in terms of time and space. The poet's desire to reach the infinity of the world and the frustration. If there were no desire, there would be no frustration either. Only a mind possessing the desire and frustration toward infinity can sense "A transparent prison", and such perception is rare. Hence, one is bound to be isolated, like an "island". In modern society, which solely pursues material value, the poet inevitably becomes an isolated island. The meeting of islands only forms an archipelago and does not escape the isolation from the world. Why does the poet become isolated like "island"? It is closely related to the poet's characteristic of dreaming of the "noon" of life.

Noon is the time of day when shadows are at their shortest. The shadow at noon is the shortest shadow. Nietzsche refers to this as the moment when one becomes two. (Alenka Jupančič) Becoming two means clearly recognizing the shadow within oneself. The subject clearly perceives the shadow remaining within. In other words, the poet is not a being who separates their shadow from themselves but one who harbors an alien

를 품는 존재다. 그러나 자신의 그림자에 대한 탐구는 한계를 내포할 수밖에 없다. "그리다 만 정오"란 그런 의미를 내함할 것이며, 그 역시 "투명한 감옥"이 된다. "꿈의 여백"이란 "감옥의 바깥"을 상상하게 한다. 이루지 못한 시인의 욕망이 닿고자 하는 지대가 "꿈의 여백"이다. 시인의 꿈은 "허공의 나비"와 같다. "투명한 감옥" 속에서 팔랑거리는 '나비'는 자유로운 존재인 듯 보이나 자유롭지 못하다. 살아가는 하루하루의 "무게"가 나비의 날갯짓에서 읽히는 것이다.

4. 사랑으로서의 은유

허윤정의 시에 일관되게 드러나는 감금의 이미지는 인간을 둘러싼 유한성을 벗어나고자 하는 형이상학적 욕망을 그 저류(底流)에 두고 있다. "우리에 갇혀 있다/ 바람/ 비를 맞고 있다/ 바람/ 울음을 운다"(「바람」) 무애(無礙)의 표상인 바람조차도 허윤정의 시에서는 '우리'에 갇혀 있고 울음을 운다. 허윤정의 시에서 드물게 나타나는 역동적 이미지는 형이상학적 욕망의 강도(intensity)와 무관하지 않다. 그러나 그것은 "시간을 가둔/ 창고// 턱을 고이고 있다"(「벽돌」)와 같이 대부분 정적 이미지의 상태로 머문다. 감금 이미지에 대하여 시인은 오랫동안 지속적으로 사유하는 동시에 그 틈새를 들여다보고 있는 것이다. 그 틈새는 공간의 풍경 속에서 현현하는 '흔적'으로 발견된다.

shadow within their reality. However, the exploration of one's shadow inevitably contains limitations. "Incomplete Noon" implies such meaning and becomes, in turn, a "Transparent Prison". "Dream's margi" evokes the imagination of "beyond the prison". The domain the poet's unfulfilled desire aims to reach is "Dream's margin". The poet's dream is like a "Butterfly in the void ". A 'butterfly' fluttering within "Transparent prison" seems to be a free being but is not truly free. The "weight" of daily life is read in the butterfly's wingbeats.

4. Metaphor as Love

The consistent image of confinement in Yunjeong Heo's poetry is underpinned by a metaphysical desire to transcend the finitude surrounding human existence. "Caged/ Wind/ Getting rained on/ Wind/ Crying"(「Wind」). Even the wind, a symbol of freedom, is confined within 'cage' and crying in Yunjeong Heo's poetry. The rare dynamic images in her work are not unrelated to the intensity of this metaphysical desire. However, they generally remain in a static state, as in "Time-trapped/ Warehouse / rest sits chin on its hand"(「Brick」). The poet simultaneously contemplating a long on the image of confinement and peering through its cracks. These gaps are discovered as 'traces' that manifest within the spatial landscape.

흔들리는 그림자
　　바람의 행로

　　읽을 수 없는
　　흔적

　　묘지 위의 새들
　　　　　　　　　　　　　－「억새」 전문

　　시간의 무늬
　　창백한 빛

　　허공
　　나뭇가지

　　비밀스런
　　흔적
　　　　　　　　　　　　　－「공간」 전문

위의 시 모두 '흔적'을 묘사한다. 「억새」에서는 "읽을 수 없는 흔적"이 "흔들리는 그림자", "바람의 행로", "묘지 위의 새들"의 틈새에 존재하고 있으며, 「공간」에서는 "비밀스런 흔적"이 "허공"으로 뻗어 있는 "나뭇가지"의 틈새에서 감지된다. 「억새」에서 "묘지 위의 새들"은 인간의 죽음이라는 유한성을 암시한다. 시인은 유한성의 세계 속에서 "읽을 수 없는 흔적"을 곰곰이 사유한다. 그 흔

Swaying shadow
Course of Wind

Illegible
Trace

Birds on Graveyard

― 「Miscanthus」 full tex

pattern of time
pale llight

branch
in the air

Secretive
Trace

― 「Space」 full tex

The poems above all depict "Traces". In "Reeds," the "unreadable traces" exist in the gaps of "shaking shadows," "the path of the wind," and "birds on the grave." In "Space," the "mysterious traces" are detected in the gaps of "branches" extending into the void. In 「Miscanthus」 "Birds on Graveyard" hint at the finitude of human death. The poet deeply contemplates the "Illegible Trace" within the finite world. These

적은 "흔들리는 그림자/ 바람의 행로" 속에서 얼핏 드러나자마자 바로 은폐되고 만 근본적 실재의 얼룩이다. '흔적'에 대한 천착은 시의 제목처럼 '억새' 숲을 헤매는 행위와 같다. 억새 숲은 인간이 피투된 실존적 공간의 상징이다. 유한한 세계 너머 무한한 세계의 실재는 보이지 않는다. 「공간」에서처럼 이 세계는 무엇인지 알 수 없는 "시간의 무늬"만이 가득하고 "창백한 빛"으로 얼룩져 있다. "허공"을 가로지르는 "나뭇가지"조차 존재론적 방황을 겪고 있으며, 그것은 "비밀스런/ 흔적"을 좇는다. 시인의 세계를 점유하고 있는 공간은 "비밀스런/ 흔적"으로 가득하다. 그것은 "열린 문"의 흔적이지만, "침묵에 잠겨 있다".(「광장」) 시인은 유한성의 세계를 둘러싸고 있는 완강한 벽을 깨뜨리는 상상을 할 수밖에 없다.

> 방아쇠
> 혈흔
>
> 시간의
> 유리조각
>
> ―「사냥」 전문

시인의 '사냥'은 시간을 겨냥한다. "방아쇠"를 당기면 "혈흔"과 함께 "시간의/ 유리조각"이 낭자하게 된다. 시간은 인간의 실존 속에서 유한의 감각을 일깨운다. 시간은 무한하지만 인간의 생명이 허락받은 시간은 얼마 되지 않는다. 그리고 영원히 흘러가는 시간의 실체를 우리

traces are fundamental stains of reality that momentarily appear and then are immediately concealed within the "Swaying shadow/ Course of Wind". The obsession with "Traces" is akin to wandering in a Miscanthus forest, as suggested by the poem's title. The Miscanthus forest symbolizes the existential space to which human life is projected.. The infinite reality beyond the finite world is invisible.. Like in "Space," this world is filled with "pattern of time" that cannot be understood and is stained with "pale light". Even "branch" crossing the void undergo existential wandering, chasing after "Secretive/ Trace". The space occuping the poet's world is filled with "Secretive/ Trace". Although it is the trace of an "Open door", it is "Immersed in silence" (「Square」). The poet cannot help but imagine breaking through the resolute walls surrounding the finite world.

> Trigger
> Bloodstains
>
> Time's
> Glass shards

— 「Hunting」 full tex

The poet's "Hunting" aims at time. When the "Trigger: is pulled, "Bloodstains" along with "Time's Glass shards" are scattered. Time awakens the sense of finitude within human existence. Although time is infinite, the time granted to humans is very limited. Moreover, we cannot grasp the essence of the eternally flowing time. The veil of time plunges human ignorance about the world into deeper bondage. The more this

는 알 수 없다. 시간의 장막은 세계에 대한 인간의 무지를 더욱 질곡에 빠트린다. 그럴수록 시인은 위의 시 제목처럼 시간의 장막을 깨뜨리려는 '사냥'의 사나운 마음을 갖는다. '사냥'이 다소 폭력적인 이미지로 다가온다면, 아래와 같은 시를 보자.

꽃씨
우울한 망치

무덤
구름의 멍자국

하늘의 균열

― 「봄」 전문

시절은 봄이다. 꽃이 지고 "꽃씨"가 맺힌다. 새로운 생명을 품고 있는 "꽃씨"는 "우울한 망치"로 은유된다. 아마도 세계를 둘러싸고 있는 '투명한 감옥' 때문이리라. "구름"조차도 이 세계에 갇혀 있다. "구름의 멍자국"이 "무덤"이지 않은가. 봄의 생명을 상징하는 "꽃씨"와 자유롭게 떠도는 "구름". 이들 모두 이 세계에 갇혀 있다는 시인의 자각은 "꽃씨"를 "우울한 망치"로, "무덤"을 "구름의 멍자국"으로 은유하게 한다. 봄의 "꽃씨"조차도 우울하고 멍자국 가득한 "구름"은 추락하여 "무덤"이 된다. 그러나 "망치"라는 강렬한 이미지에 주목하자. 망치는 세계의 정수리를 겨냥한다. 봄날의 감옥을 깨트리는 사유의

is the case, the more the poet adopts a fierce mindset for the "Hunting" to break through the veil of time, as reflected in the title of the poem above. If the "Hunting" seems to have somewhat of a violent image, consider the following poem.

> Flower seed
> Gloomy hammer
>
> Grave
> Bruise of cloud
>
> Sky's crack
>
> — 「Spring」 full tex

The season is spring. The flowers have withered, and "flower seeds" have formed. The "flower seeds", which contain new life, are metaphorically represented as "Gloomy hammer" Perhaps this is due to the "Transparent Prison" surrounding the world. Even "clouds" are trapped in this world. Are not the "Bruise of cloud" equivalent to a "Grave"? The poet's realization that both the spring's life-symbolizing "Flower seed" and the freely drifting "cloud" are trapped in this world leads to the metaphorical representation of "Flower seed" as "Gloomy hammer" and "Grave" as "Bruise of cloud". Even the spring's "Flower seed" become gloomy, and "cloud" fall into "Graves". However, let us focus on the intense image of the "hammer". "hammer" targets the crown of the

"망치"다. 사유의 "망치"를 휘두른 끝에 시인은 "하늘"에 "균열"을 낸다. "하늘의 균열"은 세계의 실재를 감춘 장막 외부를 들여다볼 수 있는 통로다. 그곳으로부터 스며들어 온 외부의 빛이 이 세계를 물들이는 풍경을 시인은 매우 아름답게 묘사한다.

> 허공
> 바람에 흔들린다
>
> 아침이면
> 이슬도 우주를 품고
>
> 어느 왕족의 여인이 죽어가던
> 자작나무 숲
>
> 거미가 줄을 걸어 놓았다
> 노래 없는 악보
>
> － 「노을」 전문

아침놀을 형상화한 이 시는 사실 별다른 해석을 요구하지 않는다. "거미가 줄을 걸어 놓았다/ 노래 없는 악보"라는 시구만으로 세계의 한계를 넘어선 우주의 실재적 리듬을 충분히 가늠케 한다. 시인의 "허공"은 언제나 "바람에 흔들린다". 형이상학적 열망에 따른 위태로움이다. 시인은 위태로움에 비례하여 더 높은 허공을 추구하는 동시에 스스로의 육체가 추락해버린 지상에서의 "이

world. It is the "hammer" of thought breaking the prison of spring days. After wielding the "hammer" of thought, the poet creates a "crack" in the "sky". "Sky's crack" serves as a passage to view the external side of the veil concealing the reality of the world. The poet describes the landscape, colored by the light from beyond that seeps through, as exceptionally beautiful.

> The void
> Swaying in the wind
>
> In the morning,
> Dew cradles the universe,
>
> A birch forest
> Where a royal lady once died
>
> A spider has spun threads,
> Score without song
>
> — 「Sunset」 full tex

This poem, which depicts the morning glow, actually does not require much interpretation. "A spider has spun threads,/ Score without song" alone sufficiently conveys the cosmic rhythm that transcends the limits of the world. The poet's "void" is always "Swaying in the wind". It reflects the precariousness that follows metaphysical yearning. The poet, in seeking a higher void proportional to this precariousness, simultaneously observes

슬"을 바라본다. 우주가 열리는 밤이 끝나고 아침이 되면, 밤새 우주의 무한을 마주했던 "이슬"이 맺혀 있다. 그리고 "어느 왕족의 여인이 죽어가던/ 자작나무 숲"의 어둑한 신비가 있다. 그 신비의 숲에는 "거미"가 "걸어 놓"은 "노래 없는 악보"가 있다. 하늘의 균열 사이로 천상의 악보가 흘러 내려와 지상의 세계를 소리 없이 울리는 것이다. 이처럼 시인이 그려내는 세계의 풍경은 '하늘의 균열'을 통해서 비로소 완성된다.

허윤정 시인의 짧은 시는 주체를 형성하는 시니피앙의 연쇄를 극소화한다. 은유를 통한 최소한의 이미지만 남긴 채 그 이미지의 틈새로부터 펼쳐져 나오는 이미지들을 허공으로 열어 놓는다. 그 이미지들에는 소유권이 없다. 처음부터 우주에 있었고 앞으로도 남아 있을 이미지들이다. 시인이 한 이미지를 호명하면 이미지의 틈새로부터 찬란한 이미지의 성좌가 빛을 발한다. 그 빛의 성좌 속에서 시인은 기꺼이 "소멸하는 빛"이 된다. 스스로를 극소화하면서 세계를 받아들이는 것이다. 시인이 세계를 사랑하는 방식이 아닐 수 없다.

> 소멸하는 빛
> 인간의
> 할 수 있는 최선이다
>
> — 「사랑」 전문

the "dew" on the ground where his own body has fallen. When the night of the universe opens comes to an end and morning arrives, the "dew" that has faced the infinite of the cosmos all night is present. And there is the dim mystery of the "A birch forest/ Where a royal lady once died" In that mysterious forest, there is a "Score without song" that the "spider" has "woven". The heavenly score flows down through the cracks in the sky, silently resonating through the world below. Thus, the landscape of the world that the poet depicts is completed only through "cracks in the sky".

The short poems by Heo Yunjeong minimize the chain of signifiers forming the subject. By leaving only minimal images through metaphor, she opens up a void from the gaps between these images. These images have no ownership. They are images that existed from the beginning of the universe and will remain in the future. When the poet invokes a single image, a radiant constellation of images emerges from the gaps of that image. Within this constellation of light, the poet willingly becomes the 'vanishing light.' By minimizing herself, she embraces the world. This must be the poet's way of loving the world.

> The best
> a Vanishing
> human can do

― 「Love」 full tex

English Translation: Euisu Byeon (poet · critic)